세계를 빛낸
50명의
위인들

CQ 놀이북

세계를 빛낸
50명의 위인들

2016년 10월 4일 1판 1쇄 찍음
2024년 10월 21일 1판 11쇄 펴냄

글 고은호
그림 수아
펴낸이 구모니카
마케팅 신진섭

펴낸곳 M&K
등록 제7-292호 2005년1월13일
주소 고양시 일산서구 고양대로 255번길 45. 903동 1503호(대화동,대화마을)
전화 02-323-4610
팩스 0303-3130-4610
E-mail sjs4948@hanmail.net
ISBN 979-11-87153-04-7

CQ놀이북
창의력을 높이는 **문화지능입니다.**

세계를 빛낸
50명의
위인들

고은호 글 | 수아 그림

엠앤키즈

작가의 말

세계를 제패한 전쟁 영웅, 생활을 편리하게 만든 발명가, 아름다운 음악으로 마음을 감동시킨 음악가, 사람들을 위해 헌신하는 봉사자까지! 『세계를 빛낸 50명의 위인들』은 우리가 꼭 알아야 할 위인 50명의 이야기를 담았습니다.

과학 기술이 발전한 시대에 살고 있는 우리는 TV와 스마트폰을 통해서 세계의 소식을 쉽게 접할 수 있어요. 몸이 아프면 병원에 갈 수 있고요. 듣고 싶은 음악은 바로 틀어서 들을 수 있지요.

하지만 먼 옛날의 사람들은 그럴 수 없었어요. 이웃 나라에 어떤 일이 일어났는지 바로 알 수 없었고 작은 질병이 생겨도 쉽게 고치지 못해서 많은 사람이 죽거나 다쳤어요. 뿐만 아니라 예전에는 지구 반대편에 어떤 나라가 있는지도 알지 못했대요.

지금 우리가 이렇게 편리하고 안전하게 살 수 있는 이유는 무

엇일까요? 그건 바로 나와 이웃, 전 세계 사람들이 행복하게 살수 있도록 희생하고 노력한 위인들이 있었기 때문이에요.

『세계를 빛낸 50명의 위인들』속에 등장하는 세계 여러 나라 위인들의 이야기를 통해 여러분도 보다 큰 꿈을 꾸고, 넓은 세상을 보게 되길 바랍니다.

2016년 9월
고은호

목차

1장. 용맹하고 지혜로운 위인들

1 ··· 젊은 정복자 알렉산드로스 · · · · · · · 14

2 ··· 로마의 지도자 카이사르 · · · · · · · 18

3 ··· 몽골 제국을 세운 칭기즈칸 · · · · · 22

4 ··· 나라를 구한 소녀 잔 다르크 · · · · · 24

5 ··· 알프스를 넘은 나폴레옹 · · · · · · 26

6 ··· 노예를 해방한 링컨 · · · · · · · 28

7 ··· 삼민주의 정신 쑨원 · · · · · · · 30

8 ··· 영국의 정치가 처칠 · · · · · · · 32

9 ··· 인권 운동가 넬슨 만델라 · · · · · · 34

10 ···검소한 대통령 호세 무히카 · · · · · 38

▶위인들의 이름을 맞춰 봐! · · · · · · 40

2장. 모험과 도전을 즐긴 위인들

11 ··· 동방견문록을 쓴 마르코 폴로 · · · · · · 44

12 ··· 아메리카에 닿은 콜럼버스 · · · · · · · 48

13 ··· 지구는 둥글다! 마젤란 · · · · · · · 52

14 ··· 남극에 도착한 아문센 · · · · · · · · 54

15 ··· 철강왕 앤드루 카네기 · · · · · · · 56

16 ··· 뛰어난 투자가 워런 버핏 · · · · · · 60

17 ··· 축구 황제 펠레 · · · · · · · · 62

18 ··· 혁신의 아이콘 스티브 잡스 · · · · · 64

19 ··· 영원한 챔피언 무하마드 알리 · · · · 66

20 ··· 디지털 리더 빌 게이츠 · · · · · · · 70

▶ 마젤란과 모험을! · · · · · · · · 72

3장. 위대한 유산을 남긴 위인들

21 ··· 르네상스를 꽃피운 다 빈치 · · · · · · · 76

22 ··· 로미오와 줄리엣을 쓴 셰익스피어 · · · · 80

23 ··· 음악 신동 모차르트 · · · · · · · 82

24 ··· 비운의 음악가 베토벤 · · · · · 84

25 ··· 프랑스의 대문호 빅토르 위고 · · · · 88

26 ··· 동화의 아버지 안데르센 · · · · · · 90

27 ··· 러시아 최고의 작가 톨스토이 · · · · 92

28 ··· 태양의 화가 반 고흐 · · · · · · 94

29 ··· 천재 건축가 가우디 · · · · · · 96

30 ··· 현대 미술의 리더 피카소 · · · · · 98

▶내 맘대로 컬러링! · · · · · · · 100

4장. 의학·과학의 발전을 이룬 위인들

31 ··· 지구는 돈다 갈릴레오 갈릴레이 · · · · 104

32 ··· 만유인력의 법칙 아이작 뉴턴 · · · · · 106

33 ··· 진화론의 기초를 다진 찰스 다윈 · · · 108

34 ··· 미생물을 발견한 루이 파스퇴르 · · · · 110

35 ··· 곤충 박사 앙리 파브르 · · · · · · · 112

36 ··· 전구를 개량한 토머스 에디슨 · · · · 114

37 ··· 여성 최초 노벨상 마리 퀴리 · · · · · 116

38 ··· 상대성 이론 아인슈타인 · · · · · 120

39 … 이웃을 사랑한 의사 슈바이처 · · · · · 124

40 … 블랙홀을 연구한 스티븐 호킹 · · · · 126

▶**틀린 그림 찾기** · · · · · · · · 128

5장. 봉사와 헌신으로 세상을 빛낸 위인들

41 … 교육의 아버지 페스탈로치 · · · · · · 132

42 … 백의의 천사 나이팅게일 · · · · · · · 134

43 … 적십자를 만든 앙리 뒤낭 · · · · · · 138

44 … 인도 건국의 아버지 마하트마 간디 · · · 140

45 … 장애를 극복한 헬렌 켈러 · · · · · · 142

46 … 가난한 자의 어머니 테레사 수녀 · · · · 146

47 … 진정한 스타 오드리 헵번 · · · · · · 148

48 … 동물 박사 제인 구달 · · · · · · 150

49 … 이웃을 사랑하라 프란치스코 교황 · · · 152

50 … 용감한 소녀 말랄라 · · · · · · 154

▶**가로세로 낱말 퀴즈** · · · · · · 156

▶**정답** · · · · · · · · · 158

용맹하고 지혜로운 위인들

01 젊은 정복자 알렉산드로스

나라: 마케도니아
시기: 기원전 356년~기원전 323년
업적: 그리스와 동방 세계를 잇는 대제국을 건설하다

14

어느 날 마케도니아의 왕궁으로 상인이 말
을 팔러 왔어. 하지만 말이 너무 날뛰었기 때
문에 아무도 가까이 가지 못했단다. 이때 왕
자 알렉산드로스는 선뜻 앞으로 나섰어.
'그래, 자기 그림자를 보고 놀랐을 거야.'
왕자가 말의 머리를 태양 쪽으로 돌려 세우자
말은 금세 얌전해졌어. 알렉산드로스의 지
혜와 용기에 모두가 놀랐지.

아이 참,
이 놈이 왜 이러지....

15

성장한 알렉산드로스는 왕위에 올랐어. 전 세계를 정복하겠다는 꿈이 있었던 그는 차근차근 계획을 세워 실행에 옮겨 나갔단다.

"돌격하라!"

"와!!!"

알렉산드로스의 용맹한 군사들은 가는 곳마다 승리를 거뒀고, 여러 왕들이 그의 앞에 무릎을 꿇었어. 그리고 알렉산드로스는 마침내 거대한 대제국의 꿈을 이루었지. 거대한 제국을 세운 알렉산드로스는 대왕이라 불리게 되었대.

로마의 지도자 카이사르

나라: 로마
시기: 기원전 100년~기원전44년
업적: 로마를 개혁하고 황제 시대를 열다

두려워하지 마라!!

로마는 매일 같이 전쟁을 치르느라 혼란스러웠어. 이때 등장한 영웅이 카이사르란다. 카이사르는 두려움이 없는 사람이었어. 병사들과 배를 타고 가다가 풍랑을 만났을 때 병사들이 몹시 두려워하자 이렇게 말했다고 해. "이 배에는 내가 타고 있으니 아무 일도 생기지 않는다!"

19

20

전쟁에서 승리한 뒤에 남긴 '왔노라, 보았노라, 이겼노라'라는 자신감 넘치는 말도 아주 유명하지! 이처럼 담대한 성격과 더불어 매력적인 외모와 뛰어난 말솜씨를 가졌던 카이사르는 사람들에게 인기가 많았대. 최고의 정치가이기도 했던 카이사르는 로마 각지에 화려한 건축물과 도로를 건설했어. 그가 지은 건물들은 지금까지도 그곳에 남아 있단다.

어머 멋있어!!

몽골 제국을 세운 칭기즈칸

나라: 몽골
시기: 1162년~1227년
업적: 세계에서 가장 큰 몽골 제국을 세우다

　　아버지가 일찍 돌아가시는 바람에 테무친은 가난한 어린 시절을 보냈대. 하지만 어려운 환경에도 기죽지 않고 용맹한 사나이로 성장했지.

　　"용감한 테무친을 우리의 지도자로 삼읍시다."

　　"그럽시다!"

주변의 부족들은 테무친을 우두머리로 삼고 칭기즈칸이라는 이름을 붙여 주었어. 말을 잘 다루는 것은 물론, 뛰어난 전투 기술을 가지고 있던 칭기즈칸은 중국을 정복해 몽골을 세웠고 지금의 유럽 땅까지 진출했지. 당시 몽골은 세상에서 제일 커다란 제국이었다고 해.

칭기즈칸 만세!!!

04

나라를 구한 소녀 잔 다르크

나라: 프랑스
시기: 1412년~1431년
업적: 전쟁에서 프랑스 군대를 승리로 이끈 소녀

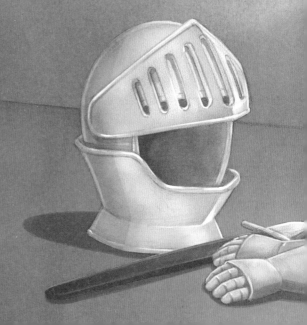

프랑스의 소녀 잔 다르크는 아주 신앙심이 깊은 아이였어. 어느 날 잔 다르크는 하늘에서 들려오는 천사의 음성을 듣게 되었지.

'영국군을 몰아내고 프랑스를 구하거라.'

천사의 계시를 들은 잔 다르크는 전쟁터로 가서 직접 말을 타고 군사들을 이끌기 시작했대. 어린 소녀의 용감한 모습을 보고 군사들은 용기를 얻었고, 결국 영국군을 무찔렀단다!

천사여,
프랑스 군을 도와주세요!

05 알프스를 넘은 나폴레옹

나라: 프랑스
시기: 1769년~1821년
업적: 프랑스의 변화를 이끈 영웅

나폴레옹은 지름길로 가기 위해 알프스 산을 넘기로 했어. 하지만 너무 춥고 먹을 것이 떨어지자 부하들은 원망의 목소리를 높였단다. 나폴레옹은 부하들을 격려하며 이야기했지. "내 사전에 불가능이란 없다!"

높고 험한 알프스 산을 넘는다는 소식에 모두가 비웃었지만 나폴레옹의 군대는 이탈리아에게 승리했어. 훗날 그는 프랑스의 첫 번째 대통령이 되었지. 나폴레옹은 〈나폴레옹 법전〉을 만들어 모든 사람이 평등한 대우를 받도록 했고, 이곳저곳에 학교를 세워서 많은 사람들이 교육을 받을 수 있도록 했단다.

내 사전에
불가능이란 없어!

27

노예를 해방한 링컨

나라: 미국
시기: 1809년~1865년
업적: 노예 해방을 이룬 대통령

    1800년대 미국에서는 우유병이 유행했어. 많은 사람들이 목숨을 잃었는데 이때 링컨의 어머니도 우유병으로 세상을 떠나게 되었지. 링컨의 아버지는 어린 자녀들을 위해 새엄마와 결혼을 했어. 새엄마는 좋은 사람이어서 링컨을 정성껏 돌보았단다. 평소 책을 좋아하던 링컨은 새엄마와 함께 실컷 책을 읽으며 성장했어.

어른이 된 링컨은 미국의 대통령이 되었어. 대통령이 된 링컨은 사람들이 흑인을 노예로 부리는 것을 금지시켰지. 그는 미국을 평등하고 자유로운 나라로 이끌기 위해 노력했다고 해.

국민의,
국민에 의한,
국민을 위한 정부!

29

삼민주의 정신 쑨원

나라: 중국
시기: 1866년~1925년
업적: 공화제를 도입한 중국의 혁명가

우리 민족이 강해져야 합니다!

쑨원의 고향 마을은 서양과 동양의 문화를 모두 만날 수 있는 곳이었어. 그래서 쑨원은 일찌감치 서양의 학문에 관심을 갖게 되었지.

"아버지, 저는 미국 땅에 가서 공부를 하고 싶어요."

"미국이라니? 안 된다!"

반대를 무릅쓰고 미국으로 떠난 쑨원은 많은 것을 보고 배웠어. 그리고 힘센 나라들이 중국을 못살게 굴고 있다는 것을 깨달았지. 쓰러져 가는 중국을 세우기 위해 쑨원은 사람들을 모았고 혁명을 일으켰어. 그는 삼민주의^가 정신을 내세우며 중국의 자주독립을 위해 평생을 애썼단다.

31

?! 삼민주의: 중국의 평등과 독립을 위해 쑨원이 강조한 민족주의, 민권주의, 민생주의를 말해요!

영국의 정치가 처칠

나라: 영국
시기: 1874년~1965년
업적: 영국의 수상이자 노벨 문학상 수상자

군인이었던 처칠은 전쟁에서 영웅이 되어 선거에 당선됐어. 그런데 당시의 영국은 두 번의 세계 대전을 겪으면서 매우 쇠약해진 상태였지.

이에 처칠은 라디오 방송에서 승리할 수 있다는 연설을 해 국민들에게 희망을 주었어. 방송을 통해 영국은 다른 나라로부터 수많은 무기를 전달 받았고 처칠은 더욱 인기를 누렸대. 그는 노년에 쓴 『제2차 세계대전』이라는 작품으로 노벨 문학상을 받기도 했지!

인권 운동가 넬슨 만델라

나라: 남아프리카 공화국
시기: 1918년~2013년
업적: 흑인 최초 대통령이자 인권 운동가로 노벨 평화상 수상

옛날에는 백인들이 흑인을 차별하는 일이 잦았어. 그래서 만델라는
더욱 열심히 공부를 하여 변호사가 되었지. 하지만 변호사가 된 후에도
여전히 흑인이라는 이유로 무시를 받았단다. 만델라는 사람들을 이끌며
인종 차별에 반대하는 행진을 했어.
"흑인도 사람이다!"
"우리도 백인들처럼 권리를 달라!"

35

만델라는 시위대를 이끌었다는 이유로 재판을 받았고, 마흔 여섯의 나이로 종신형을 선고 받았지. 하지만 감옥에서도 만델라는 사회의 소식에 늘 귀를 기울였단다. 그렇게 오랜 시간을 감옥에서 보내고 있던 만델라에게 어느 날 기쁜 소식이 날아 들었어.

종신형: 수형자가 죽을 때까지 감옥에 가두는 형벌이에요.

새롭게 대통령이 된 클레르크에 의해 감옥에서 풀려나게 된 거야. 일흔 두 살의 나이로 석방된 만델라는 클레르크 대통령과 함께 노벨 평화상을 받았고, 훗날 흑인 최초의 대통령이 되었단다.

37

10

검소한 대통령 호세 무히카

나라: 우루과이
시기: 1935년~
업적: 청렴한 생활을 하며 기부를 많이 한 대통령

우루과이의 대통령인 무히카의 별명은 세상에서 가장 가난한 대통령이야. 그가 다스리는 나라가 가장 가난하기 때문일까? 아니야, 그가 아주 검소한 대통령이기 때문이란다.

조금만 가져도 모두
행복할 수 있지요!

무히카는 화려한 궁전에 사는 대신, 농장에 살면서 작은 자동차를 끌고 다녀. 뿐만 아니라 무히카는 대통령 월급의 90%를 모두 기부하고 있지. 그야말로 이웃에게 나누는 삶을 실천하며 살고 있는 거야.

사다리 타기 위인들의 이름을 맞춰 봐!

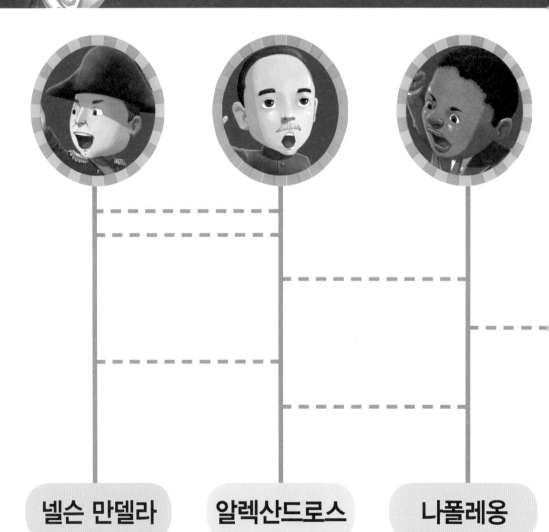

넬슨 만델라

알렉산드로스

나폴레옹

용맹하고 지혜로운 위인들이 모여 있네?
앗! 그런데 누가 누군지 잘 모르겠어. 차근차근 사다
리를 타고 내려가서 그림 속 위인의 이름을 찾아 보자!

호세 무히카   쑨원   잔다르크

모험과
도전을 즐긴
위인들

11 동방견문록을 쓴 마르코 폴로

나라: 이탈리아
시기: 1254년~1324년
업적: 중국 여행을 기록한 〈동방견문록〉을 남기다

마르코의 아버지는 세계 여러 나라를 오가는 무역상이었어. 덕분에 마르코는 어릴 때부터 신기한 물건들과 이야기를 접하면서 호기심 많은 아이로 자랄 수 있었지.

열일곱 살이 된 마르코는 아버지를 따라 당시 원나라였던 중국을 방문했는데, 사람들의 환영을 받으며 무려 17년간을 머물렀대.

세상에
이런 곳이!!

마르코는 원나라에 머물면서 자신이 보고 느꼈던 것들을 모두 기록해 두었어. 훗날 이 기록을 토대로 〈동방견문록〉이 탄생하게 되었지.

마르코 덕분에 우리는 13-14세기의 중국과 이란, 몽골이 어떤 모습이었는지 상세하게 알 수 있게 된 거야. 역시 기록은 중요해~!

12

아메리카에 닿은 콜럼버스

나라: 이탈리아
시기: 1451년~1506년
업적: 항해를 통해 아메리카 대륙을 발견함

옛날 옛날 유럽에는 무역으로 돈을 번 사람들이 많았단다. 새로운 땅을 찾아 모험을 떠나려는 사람들도 넘쳤지. 콜럼버스도 그들 중 한 사람이었어. "여왕 폐하, 제가 인도를 찾으면 향신료를 잔뜩 가져와 에스파냐를 유럽 제일의 나라로 만들어 드리겠습니다."

제가 인도에
다녀오겠습니다!

배를 타고 떠난 콜럼버스 일행은 낯선 땅을 발견했어.
"저기! 육지가 보인다! 땅이다!"

이...이곳이
인도?

모두가 그 땅이 인도라고 생각했어. 하지만 향신료는 찾아볼 수 없었지. 결국 콜럼버스는 빈손으로 돌아갔어. 그들이 도착한 땅은 인도가 아니라 사실은 아메리카 대륙이었기 때문이야!

지구는 둥글다! 마젤란

나라: 포르투갈
시기: 1480년~1521년
업적: 세계 최초로 지구를 한 바퀴 항해한 탐험대의 선장

마젤란은 아메리카를 지나 서쪽으로 가다 보면 인도에 도착할 거라고 생각했단다. 하지만 가도 가도 인도는 나오지 않았어. 먹을 것이 떨어져서 굶주렸고, 괴혈병[?] 때문에 많은 사람이 고생하기도 했지.

결국 마젤란은 인도에 도착하지 못한 채 목숨을 잃고 말았단다. 하지만 남아 있던 선원들은 항해를 계속해서 인도양과 아프리카를 거쳐 고향으로 돌아갔어. 그들은 인류 최초로 지구를 한 바퀴 돌았던 거야!

[?!] 괴혈병: 비타민 C가 부족해서 생기는 병이랍니다.

14 남극에 도착한 아문센

나라: 노르웨이
시기: 1872년~1928년
업적: 최초로 남극점에 도달한 사람

선원이었던 아버지 덕분에 아문센은 모험을 즐기는 소년으로 자랐어.
아문센의 꿈은 북쪽 끝에 있는 북극점에 도착하는 것이었지.
그러던 어느 날, 미국의 한 탐험대가 먼저 북극에 도착했다는 소식을

남극 도착을
축하해~ 멍!

듣게 되었는데, 아문센은 실망하지 않고 목표를 남극점으로 바꾸었대.
 훗날 개 썰매를 타고 남극점을 찾아 떠난 아문센은 55일만에 인류 최
초로 지구의 남쪽 끝인 남극점에 도착했다고 해!

15

철강왕 앤드루 카네기

나라: 미국
시기: 1835년~1919년
업적: 재산을 사회에 환원한 기업가

어린 시절부터 부지런했던 카네기는 방적공, 전신기사, 전보 배달원 등 다양한 일을 해 보았단다. 그리고 자신의 경험을 살려 철강 회사를 세웠지. "그래, 앞으로는 철강이 필요한 시대가 올 거야!"

철강으로 사업을
해야겠어….

카네기의 예상대로 철강 산업은 점점 성장했고, 회사는 미국 철강 생산의 절반 이상을 담당할 정도가 되었어. 철강왕이라 불리던 카네기는 은퇴한 후 그동안 모은 돈을 교육과 문화 사업에 투자하기로 했지. 그는 사람들을 위해 학교를 세우고 사람들을 도우며 여생을 보냈단다.

16
뛰어난 투자가 워런 버핏

나라: 미국
시기: 1930년~현재
업적: 20세기를 대표하는 세계 최고의 사업가

 워런은 어린 시절부터 돈을 벌고 관리하는 일에 관심을 보였어. 열한 살 때부터 주식 투자를 할 정도였지! 대학에 들어가 경제학을 공부한 워런은 본격적으로 작은 회사를 인수했어.

워런 덕분에 회사는 커다란 규모로 성장했고, 여든 다섯의 나이인 지금까지도 최고 경영자로 일하고 있어. 또한 세계 1위의 부자로 뽑혔는데, 전 재산의 85%를 사회에 기부하기로 맹세한 것으로도 유명해!

가진 재산의 85%를 사회에 돌려주겠소!

17 축구 황제 펠레

나라: 브라질
시기: 1940년~현재
업적: 브라질 최고의 축구 영웅

　브라질 시골 마을에서 태어난 펠레는 축구 선수였던 아버지의 영향으로 어릴 때부터 축구를 좋아했다고 해. 열여섯의 나이에 이미 브라질 최고의 팀에 뽑혔고, 다음 해에는 국가대표가 되었지!

　월드컵에 출전한 펠레는 결승 골을 넣어 브라질의 스타가 되었어. 펠레가 활약한 세 번의 월드컵에서 브라질은 모두 우승을 차지했지. 무려 1,281골을 기록해 20세기 최고의 선수로 선정되기도 했단다.

정말 대단한
실력인데...?

18

혁신의 아이콘 스티브 잡스

나라: 미국
시기: 1955년~2011
업적: 세계 최고의 IT 기업 '애플'을 세움

잡스는 전자 기기에 관심이 많은 아이였어. 같은 취미를 가진 친구 워즈니악과 함께 컴퓨터 게임을 만들며 놀곤 했지. 성인이 된 잡스는 워즈니악과 함께 회사를 세워서 애플I이라는 컴퓨터를 만들어 냈단다.

애플I는 사람들의 호응을 받지 못했지만 잡스는 사람들을 설득하며 애플II를 비롯한 제품들을 계속 만들었지. 꾸준히 노력한 결과 아이폰, 아이패드 등 과거에는 없었던 혁신적인 제품들을 만들어 냈고, 잡스의 회사는 세계 최고의 회사로 성장할 수 있었어!

신제품을
소개합니다!

영원한 챔피언 무하마드 알리

나라: 미국
시기: 1942년~2016년
업적: 세계 권투 대회를 제패한 챔피언

내 건데...

알리의 어릴 적 이름은 클레이야. 클레이는 가난한 형편과 남들보다 진한 피부색 때문에 설움을 당하곤 했대. 그래서 힘을 기르기 위해 권투를 배웠지. 권투에 소질이 있었던 클레이는 열여덟 살에 국가 대표 선수가 되었고, 올림픽에서 금메달을 따기도 했어!

깜둥이들은
자전거를 타면 안 돼!

클레이는 유명한 선수가 된 뒤에도 계속 인종 차별을 당했다고 해. 금메달을 도둑맞기도 했다지 뭐니. 굴하지 않고 계속 훈련해 세계 챔피언의 자리에 오른 클레이는 무하마드 알리로 이름을 바꾸었어. 미국에서 차별당했던 것을 잊고 새로워지겠다는 뜻이었지. 훗날 그는 흑인 해방운동과 구호 활동을 펼친 덕분에 유엔에서 평화상을 받기도 했단다.

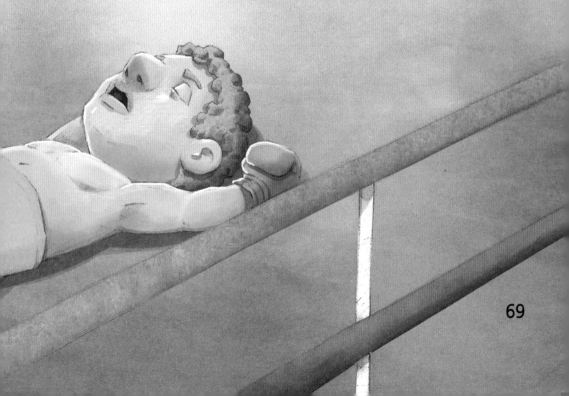

20

디지털 리더 빌 게이츠

나라: 미국
시기: 1955년~현재
업적: 전 세계에서 사용하는 컴퓨터 프로그램을 제작

좀 더 편리한 프로그램이 필요해....

컴퓨터를 너무 좋아하던 빌은 다니던 대학을 그만두고 회사를 세웠어. 커다란 컴퓨터 회사의 프로그램 의뢰를 받아 그 돈으로 회사를 성장시켜 나갔지. 이를 기반으로 빌은 마이크로소프트 윈도우 시리즈를 만들었고, 윈도우는 전 세계에서 가장 많은 사용자들이 쓰는 프로그램이 되었어. 덕분에 빌 게이츠는 세계에서 제일가는 억만장자가 되었지!

미로 탈출! 마젤란과 함께 모험을 떠나 볼까?

출발

마젤란 일행이 길을 잘못 들고 말았어. 무시무시한 맹수를 만나면 큰일인데, 이를 어쩌지? 마젤란과 선원들이 무사히 빠져 나가도록 출구를 찾아 보자!

★ 도착

3장

위대한 유산을 남긴 위인들

21

르네상스를 꽃피운 다 빈치

나라: 이탈리아
시기: 1452년~1519년
업적: 르네상스 시대를 대표하는 예술인

"세상에! 이걸 어린아이가 그렸단 말인가?"

다 빈치의 스승이었던 베로키오는 어린 제자 다 빈치의 그림이 너무 훌륭해서 충격을 받았어. 그리고 다시는 붓을 잡지 않았다고 해. 스승이 절망에 빠질 정도로 다 빈치의 그림은 매우 뛰어났단다.

이럴 수가...!

훗날 〈모나리자〉, 〈최후의 만찬〉 등의 걸작을 그려 낸 다 빈치는 미술 말고도 과학, 수학, 음악에 이르는 다양한 분야까지 재능을 보였어. 헬리콥터 장치 같은 놀라운 기계를 발명해 내기도 했고, 시체를 해부해 동물과 사람의 내부 장기들을 정교하게 그려 내기도 했지. 다 빈치는 그야 말로 다방면에서 활약한 천재였던 거야!

22 로미오와 줄리엣을 쓴 셰익스피어

나라: 영국
시기: 1564년~1616년
업적: 세계 최고의 극작가

가슴 아픈 사랑 이야기 〈로미오와 줄리엣〉을 읽어 본 적 있니? 로미오와 줄리엣은 윌리엄 셰익스피어의 작품이란다. 윌리엄은 극단에 들어가 극을 쓰면서 단역 배우로 활동했는데, 이때 〈리어 왕〉, 〈햄릿〉, 〈베니스의 상인〉 등 여러 작품을 썼지. 그의 작품들은 훗날 많은 작가들에게 영향을 줄 만큼 모두 훌륭한 것들이었어!

81

23

음악 신동 모차르트

나라: 오스트리아
시기: 1756년~1791년
업적: 많은 오페라를 쓴 천재 작곡가

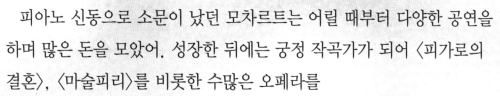

　피아노 신동으로 소문이 났던 모차르트는 어릴 때부터 다양한 공연을 하며 많은 돈을 모았어. 성장한 뒤에는 궁정 작곡가가 되어 〈피가로의 결혼〉, 〈마술피리〉를 비롯한 수많은 오페라를 작곡했지. 하지만 그가 너무 천재였던 탓일까? 모차르트는 오래 살지 못하고 35살의 젊은 나이로 세상을 떠났다고 해. 정말 안타까운 일이야.

24
비운의 음악가 베토벤

나라: 독일
시기: 1770년~1827년
업적: 〈합창〉〈영웅〉〈운명〉 등 뛰어난 교향곡을 작곡함

'그만 치고 싶은데….'

84

어린 베토벤의 집은 매우 가난했어. 하지만 아버지는 일을 하는 대신 당시 이름난 신동 모차르트가 했던 것처럼 베토벤에게 연주를 시켜서 큰돈을 벌려고 했단다. 그래서 베토벤은 하고 싶지 않아도 억지로 피아노를 쳐야만 했어.

힘든 어린 시절을 견뎌 낸 베토벤은 훌륭한 음악가로 성장했어. 그리고 〈영웅〉, 〈합창〉, 〈운명〉 과 같은 위대한 작품들을 만들어 냈지. 그런데 어느 날, 너무나도 비극적인 일이 일어났어. 베토벤이 갑자기 소리를 듣지 못하게 된 거야. 하지만 이에 굴하지 않고 베토벤은 계속 감동적인 곡들을 만들었다고 해. 정말 위대한 음악가지?

25

프랑스의 대문호 빅토르 위고

나라: 프랑스
시기: 1802년~1885년
업적: 세계적인 문학 작품을 쓴 작가

빅토르 위고는 다양한 소설과 희곡, 시를 썼어. 애니메이션, 동화책, 뮤지컬 등으로도 많이 만들어진 〈장발장〉, 〈레 미제라블〉, 〈노트르 담 드 파리〉가 바로 빅토르 위고의 작품이란다.

프랑스 사람들은 위고의 작품들을 정말 사랑했어. 그가 죽었을 때는 국민적인 대시인이 떠났다며 모두들 슬퍼했다고 해.

26

동화의 아버지 안데르센

나라: 덴마크
시기: 1805년~1875년
업적: 전 세계 아이들이 사랑하는 명작 동화를 쓰다

연기자를 꿈꾸던 안데르센은 수없이 퇴짜를 맞았어. 하지만 그는 낙담하지 않고 동화를 쓰기로 했단다. 〈인어 공주〉, 〈성냥팔이 소녀〉, 〈미운 오리 새끼〉 등이 바로 안데르센이 쓴 동화야. 이 이야기들은 전 세계 어린이들에게 감동과 희망을 주었지. 안데르센이 연기자가 되었으면 어쩔 뻔 했어!

27

러시아 최고의 작가 톨스토이

나라: 러시아
시기: 1828년~1910년
업적: 러시아를 대표하는 세계적 문학가

    톨스토이는 귀족 집안에서 태어났지만, 농민들의 삶에 관심이 많았어. 그래서 농가의 아이들을 위한 학교를 열었고, 많이 배우지 못한 농민들을 교육하기 위한 우화를 썼지. 〈바보 이반〉, 〈사람은 무엇으로 사는가〉 등이 바로 그가 쓴 작품이야. 러시아 최고의 문학으로 손꼽히는 〈안나 카레니나〉, 〈전쟁과 평화〉 같은 위대한 작품들도 톨스토이가 쓴 것이란다!

28

태양의 화가 반 고흐

나라: 네덜란드
시기: 1853년~1890년
업적: 인상파의 대표 화가

목회자 가정에서 태어난 고흐는 집에서 신학을 공부하며 그림을 그리는 것을 좋아하는 내성적인 아이였어. 하지만 그림만큼은 아주 화려하고 강렬했단다. 〈해바라기〉와 〈별이 빛나는 밤〉, 〈자화상〉과 같은 작품을 보면 알 수 있을 거야. 비록 30대의 나이로 일찍 세상을 떠났지만, 열정적으로 작품 활동을 한 덕분에 고흐는 많은 걸작을 남겼지.

천재 건축가 가우디

나라: 스페인
시기: 1852년~1926년
업적: 독창적인 건물을 만들어 낸 건축가

가우디는 주변 자연 환경과 어우러지는 독특한 건물들을 만들고 싶었어. 가우디의 설계도를 보고 모두 반대했지만 당시 최고의 부자였던 구엘은 그렇지 않았지. 구엘의 도움으로 가우디는 '사그라다 파밀리아 성당', '구엘 공원', '카사 밀라' 등의 독특한 건축물을 지을 수 있었어. 이곳들은 지금도 유명 관광지로 전 세계인의 사랑을 받고 있단다!

30 현대 미술의 리더 **피카소**

나라: 스페인 태생. 프랑스에서 활동
시기: 1881년~1973년
업적: 20세기 입체파 화가를 대표

피카소 하면 어떤 것이 떠오르니? 마치 어린아이가 마구 칠한 것 같은 그림이 떠오를 거야. 피카소가 원래부터 특이한 그림을 그린 것은 아니었어. 처음에는 평범한 그림들을 그렸지. 그러다가 전쟁이나 싸움 같은 슬픈 사건을 표현하면서 자신만의 특별한 기법을 사용하기 시작했단다. 〈아비뇽의 아가씨들〉, 〈게르니카〉, 〈통곡하는 여인〉 등이 대표적이지.

99

색칠공부

내 맘대로 컬러링!

위인들이 남긴 위대한 유산!
나만의 방법으로 다채롭게 색칠해 보자!

의학·과학의
발전을 이룬
위인들

지구는 움직입니다!

과학자 갈릴레이는 손수 망원경을 만들어 우주에 있는 여러 천체를 직접 관측했단다. "내 연구가 옳다면 지구는 돌고 있어!"

하지만 당시 사람들은 지구가 아니라 하늘이 움직인다고 여겼기 때문에, 갈릴레이가 잘못된 말을 하고 있다고 생각했어. 그래서 갈릴레이는 놀라운 발견을 하고도 벌을 받았지. 나중에서야 그의 말이 옳다는 것을 알게 되어 무죄로 인정했다는구나.

?! 천체: 우주에 있는 물체들을 가리키는 말이에요.

32

만유인력의 법칙 아이작 뉴턴

나라: 영국
시기: 1642년~1727년
업적: 만유인력의 법칙을 발견한 과학자

"아얏!" 사과나무 아래에서 졸고 있던 뉴턴의 머리 위로 사과가 떨어졌어. 머리가 너무 아팠지만 호기심 많은 뉴턴은 왜 사과가 나무 아래로 떨어지는지 의문을 갖게 되었지.

노력 끝에 뉴턴은 모든 물체에 '중력'이 있다는 것을 알아냈어. 중력은 모든 물체를 서로 끌어당기는 힘이야. 그래서 사과가 땅으로 떨어졌던 거지. 중력은 만유인력이라고도 해!

진화론의 기초를 다진 찰스 다윈

나라: 영국
시기: 1809년~1882년
업적: 진화론에 큰 영향을 미친 영국의 생물학자

모두 핀치새인데
왜 부리가 다르지?

다윈은 세계의 여러 나라를 여행하며 다양한 생물을 연구했어. 어느 날, 다윈은 원래 같은 새인데 지역에 따라 조금씩 모양이 다르다는 것을 발견하게 되었단다. 이 현상을 곰곰이 분석한 다윈은 동식물이 각자의 환경에 맞는 방향으로 변화한다는 것을 깨달았지. 다윈은 연구를 발전시켜 생물 진화론의 기초를 세웠고, 〈종의 기원〉이라는 책을 썼어!

34

미생물을 발견한 루이 파스퇴르

나라: 프랑스
시기: 1822년~1895년
업적: 미생물이 병을 일으킨다는 사실을 알아내다

다 나았구나!

파스퇴르는 양조장 주인의 부탁으로 포도주를 연구하고 있었어. 그러다가 미생물인 효모균이 발효를 일으킨다는 사실을 알아냈단다.

더불어 미생물의 번식을 막으면 포도주가 상하지 않고, 사람과 동물도 병에 걸리지 않는다는 사실까지 알아냈대. 파스퇴르가 이 사실을 발견하기 전까지 사람들은 저절로 병균이 생기고, 저절로 음식이 상한다고 생각했다지 뭐야!

?! 양조장: 술이나 간장, 식초 따위를 만드는 곳을 말해요.

35

곤충 박사 앙리 파브르

나라: 프랑스
시기: 1823년~1915년
업적: 〈곤충기〉를 지은 곤충학자

　장 앙리 파브르는 농부의 아들로 태어났어. 집은 비록 가난했지만 열심히 공부해서 교사가 되었단다. 그러던 어느 날, 파브르는 섬마을 학교로 발령받아 떠나게 되었는데, 그곳에서 여태까지 보지 못했던 새로운

동물과 식물, 곤충들을 보게 되었대.

　이를 계기로 다양한 곤충들을 연구하기 시작한 파브르는 평생 연구한 모든 내용을 담아 〈곤충기〉를 펴냈지. 〈곤충기〉는 과학자들이 감탄할 정도로 대단한 책이란다.

36 전구를 개량한 토머스 에디슨

나라: 미국
시기: 1847년~1931년
업적: 백열전구를 개량해 보급함

　에디슨은 무려 천 가지가 넘는 발명품을 만들어 낸 발명왕이야. 어렸을 때부터 호기심이 왕성했는데, 기차에서 실험을 하다가 불을 내기도 했대. 형편이 넉넉하지 않았기 때문에 기차에서 신문이나 과자를 파는 아르바이트를 했거든.

어른이 되어서도 발명과 실험을 향한 의지로 불탔던 에디슨은 전기 투표 기록기, 전신기, 전화기, 축음기 등 많은 물건들을 만들어 냈어. 지금 우리가 유용하게 쓰고 있는 전구도 에디슨이 개량해 낸 거란다!

37

여성 최초 노벨상 마리 퀴리

나라: 프랑스
시기: 1867년~1934년
업적: 폴로늄과 라듐을 발견한 과학자

마리아는 어릴 때부터 아주 영리했어. 하지만 마리아가 살던 폴란드는 러시아의 지배를 받고 있었기 때문에 마음껏 공부할 수 없었다고 해. 그래서 마리아는 프랑스로 떠났고 이름도 마리로 바꾸었지. 프랑스의 소르본 대학에 입학한 마리는 열심히 공부해 여성 최초로 물리학 박사가 되었고, 그곳에서 남편 피에르도 만나게 되었어.

118

피에르와 결혼한 뒤 마리는 더욱 열심히 연구했어. 그러던 어느 날, 마리는 이전에 몰랐던 새로운 원소들을 발견하게 돼. 바로 최초의 방사성 원소인 폴로늄과 라듐이었지. 이후 마리는 소르본 대학의 최초 여교수가 되었고 노벨 화학상까지 수상하게 되었단다. 마리는 노벨상을 두 번 받은 최초의 과학자이기도 해! 마리가 최초로 한 일들이 참 많지?

38

상대성 이론 아인슈타인

나라: 독일/미국
시기: 1879년~1955년
업적: 상대성 이론을 발표함

저렇게 젊다니!

"뭐? 저 사람이 아인슈타인이라고?"

천재 과학자로 이름이 널리 알려진 아인슈타인이 강의실에 들어서자 학생들은 매우 놀라서 이렇게 외쳤어. 다른 교수들에 비해 아주 젊은 나이였거든. 하지만 아인슈타인이 발표한 상대성 이론은 갈릴레이와 뉴턴이 발표했던 과거의 이론을 모두 뒤엎을 만큼 대단한 것이었단다.

122

아인슈타인이 학자로 명성을 높이던 때에 세계 2차 대전이 벌어졌어. 유대인이었던 아인슈타인은 유대인들을 잡아들이는 히틀러를 피해 미국으로 향했지. 히틀러가 원자 폭탄을 만들려고 하자, 아인슈타인은 반대하는 편지를 미국의 대통령에게 보내기도 했단다. 아인슈타인은 평화를 사랑하는 과학자였거든!

39

이웃을 사랑한 의사 슈바이처

나라: 독일·프랑스
시기: 1875년~1965년
업적: 의사·선교사로 봉사 활동을 함

슈바이처는 원래 신학과 철학, 음악을 공부한 학자였어. 우연히 그는 한 보고서를 읽게 되었는데 아프리카에 의사가 없어서 사람들이 병으로 죽어간다는 내용이 적혀 있었대. 이를 계기로 의사가 되어 아프리카로 건너가게 되었단다. 아프리카에 간 슈바이처는 병으로 고통 받는 사람들을 정성껏 치료해 주었어. 돈도 받지 않았지. 그는 원시림의 성자로 불리며 사람들의 존경을 받았고, 노벨 평화상을 수상하기도 했단다.

125

블랙홀을 연구한 스티븐 호킹

나라: 폴란드·프랑스
시기: 1942년~
업적: 블랙홀 연구 등의 업적을 남김

열여섯 살의 호킹은 자동 계산기를 만들어 냈어. 전화 교환기의 부품을 뜯어내서 말이지. 호킹은 이처럼 호기심 많고 영리했던 소년이었어. 그런데 불행히도 대학원을 다니던 중에 갑작스레 병을 얻게 되었대. 몸을 자유롭게 움직일 수 없게 되었지.

하지만 휠체어에 앉아서도 호킹은 공부하는 것을 멈추지 않았단다. 그래서 블랙홀이 모든 것을 빨아들이는 것이 아니라 오히려 내뿜는다는 사실을 밝혀냈지!

틀린그림찾기

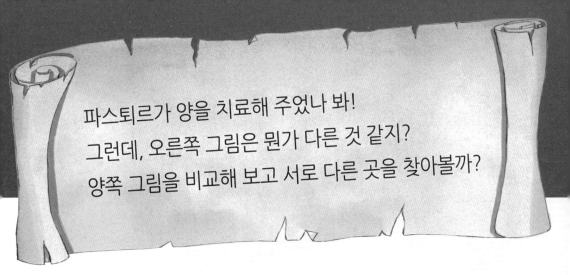

파스퇴르가 양을 치료해 주었나 봐!
그런데, 오른쪽 그림은 뭔가 다른 것 같지?
양쪽 그림을 비교해 보고 서로 다른 곳을 찾아볼까?

봉사와 헌신으로
세상을 빛낸
위인들

교육의 아버지 페스탈로치

나라: 스위스
시기: 1746년~1827년
업적: 아이들의 교육에 힘쓴 교육자

'어떻게 하면 가난한 사람들을 도와줄 수 있을까…?'

페스탈로치는 가난한 사람들이 행복하게 살았으면 좋겠다고 생각했어. 그래서 농장과 학교, 고아원을 지어서 가난한 가정의 아이들을 불러 모았지. 처음에는 실패를 거듭했지만 점차 그의 노력에 학생들이 변화된 모습을 보였어. 그 모습에 감동한 사람들이 늘어나면서 페스탈로치의 교육 방법이 널리 퍼져나갔단다.

페스탈로치 선생님과
있으면 참 즐거워….

42 백의의 천사 나이팅게일

나라: 영국
시기: 1820년~1910년
업적: 전쟁에서 병사들을 돌보며 병원의 개혁을 도움

부유한 가정에서 태어난 나이팅게일은 어릴 때부터 다양한 외국어와 학문을 공부했어. 어느 날, 신문에서 참혹한 전쟁터 이야기를 접한 나이팅게일은 간호사가 되기로 결심했지. 나이팅게일은 전쟁터로 가서 병사들을 정성껏 치료해 주었어. 환자들을 살피러 밤마다 작은 등을 들고 돌아다니는 나이팅게일을 보고 사람들은 백의^{?)}의 천사라고 불렀다고 해.

?) 백의: 흰 옷을 말해요.

"병원이 깨끗하지 않아서 병사들이 빨리 낫지 않는구나!"

병사들이 몸을 추스르기에 병원의 내부는 너무 더러웠고 세균도 많았어. 나이팅게일은 두 팔을 걷고 온 병원을 깨끗이 청소하기 시작했단다.

병원이 더
깨끗해져야 해!

136

처음에는 그녀를 도와주지 않던 다른 간호사들도 나이팅게일이 열심을
다하자 나중에는 함께해 주었어. 간호사들의 도움으로 병원이 깨끗해졌
고 병사들은 더 빨리 건강해질 수 있었지!

43

적십자를 만든 앙리 뒤낭

나라: 스위스
시기: 1828년~1910년
업적: 국제 적십자사를 만든 최초의 노벨 평화상 수상자

앙리의 부모님은 다른 사람들을 돕는 일에 솔선수범하는 사람들이었어. 어린 시절부터 앙리도 자연스럽게 봉사 활동에 참여했단다.

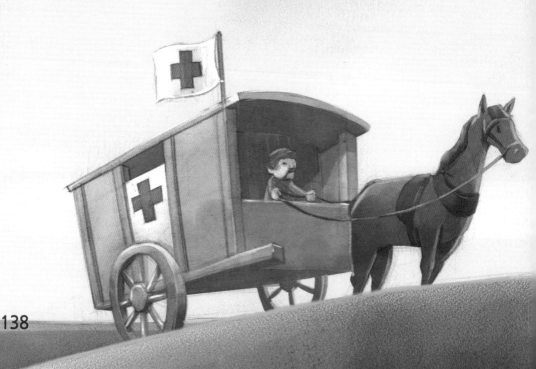

"이럴 수가… 전쟁에서 이렇게 많은 사람이 다치고 있다니!"

어른이 된 앙리는 전쟁에서 수많은 사람들이 다쳐 아파하는 모습을 보고 마음이 아팠어. 그래서 전쟁에서 다친 병사들을 돕는 국제 적십자를 만들었지. 앙리는 자신의 재산을 털어 구호 활동에 사용했어. 이런 공로가 인정되어 그는 세계 최초로 노벨 평화상을 받게 되었단다!

아직도 많은 사람들을
치료해 줘야 해!

44 인도 건국의 아버지 마하트마 간디

나라: 인도
시기: 1869년~1948년
업적: 인도의 독립운동. 민족 해방 운동을 지도함

　인도는 영국의 지배를 받고 있었어. 간디는 인도가 영국인들에게 착취를 당하고 있다는 것에 화가 났지. 그래서 인도의 독립을 위한 투쟁을 시작했어. "이제 영국의 물건을 사용하지 않겠어!"

　간디는 많은 사람들 앞에 서서 행진하며, 단식^②했단다. 영국의 물건을 사용하지 않겠다는 의지로 손수 물레로 옷을 지어 입기도 했지. 간디 덕분에 인도의 독립 운동은 전 세계에 널리 알려졌고, 결국 인도는 영국으로부터 독립할 수 있었어!

140

 단식: 자발적으로 음식을 먹지 않는 일을 말해요.

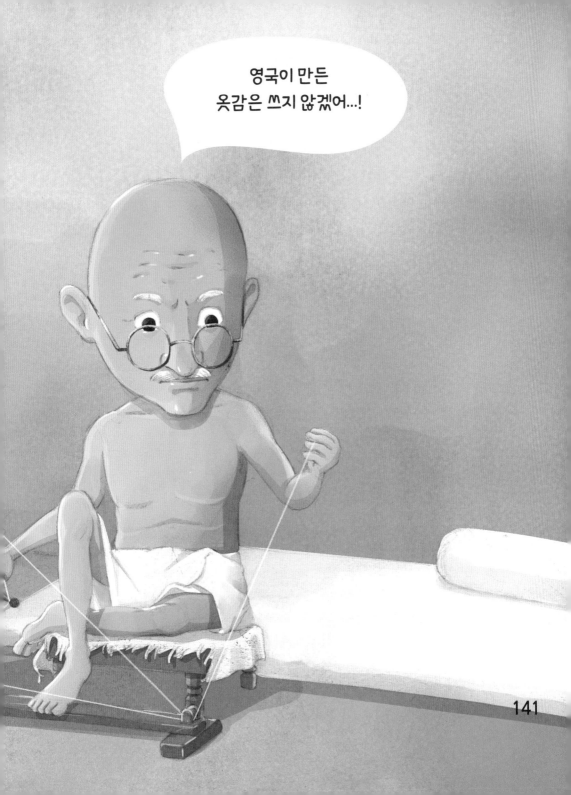

45 장애를 극복한 헬렌 켈러

나라: 미국
시기: 1880년~1968년
업적: 장애를 극복하고 다른 장애인들을 돕는 사회 활동을 함

"어머! 아이가 이상해요!"

헬렌 켈러는 어린 시절 큰 병을 앓고 난 후, 보지도 듣지도 못하게 되었어. 부모님은 학교에 가지 못하는 헬렌을 위해 앤 설리번이라는 가정 교사를 데려왔지. 앤은 헬렌을 정성껏 가르쳤어. 마음을 열지 못하던 헬렌도 차츰 앤을 따르기 시작했단다. 앤 선생님의 정성 덕분에 말도 할 줄 모르던 헬렌은 마침내 수화를 배우고 글을 쓸 줄도 알게 되었어. 그야말로 기적이 일어난 거야!

앤 선생님을 통해 세상을 알게 된 헬렌은 자신과 같은 아이들을 돕고 싶어 했어. 헬렌은 사람들 앞에 나서 강의를 하면서 장애인들을 위한 기금을 모았단다. 자신의 이야기를 담은 책을 쓰기도 했지. 시간이 흘러 앤 선생님은 세상을 떠났지만 헬렌은 계속 사람들을 도우며 살았대.

46
가난한 자의 어머니 테레사 수녀

나라: 유고슬라비아(마케도니아)
시기: 1910년~1997년
업적: 장애인들을 돕는 다양한 사회 활동을 함

146

18세 소녀 아그네스는 수녀가 되기로 결심했어. 아그네스는 테레사라는 세례명을 받고 인도로 가게 되었단다. 테레사 수녀는 거리로 나서 가난한 아이들을 아무 조건 없이 사랑하고, 가르치고, 치료하고 돌보았어. 그녀의 선행이 널리 알려져 노벨 평화상을 받기도 했지. 1997년에 테레사 수녀가 세상을 떠났을 때는 수많은 사람들이 진심으로 슬퍼하며 애도했다고 해.

47 진정한 스타 오드리 헵번

나라: 미국
시기: 1929년~1993년
업적: 배우로 쌓은 명성과 인기로 구호 활동을 하며 헌신함

?! 유니세프: 국제 연합에 속한 아동 구호 기관이에요.

오드리 헵번은 유명한 배우였어. 화려하고 아름다운 삶을 살았지. 하지만 그녀가 정말 빛나기 시작한 건 노년이 되어서였어. 유니세프친선대사가 된 오드리는 전 세계를 돌아다니며 굶주린 아이들을 도왔단다. 뿐만 아니라 평생 쌓아 온 재산과 명성을 구호 활동을 하는 데 아낌없이 사용했어. 오드리의 마음에 감동한 사람들도 기부를 하기 시작했대. 오드리는 자신이 받은 사랑을 모두 다른 사람들에게 돌려준 셈이야!

48 동물 박사 제인 구달

나라: 영국
시기: 1934년~
업적: 침팬지의 행동을 연구한 동물학자

"난 동물이 너무 좋아!" 어릴 때부터 동물을 정말 사랑했던 제인은 아프리카에 가는 것이 꿈이었어. 아프리카에 가면 기린, 코끼리, 사자 등 많은 동물을 직접 볼 수 있으니 말이야. 어른이 된 제인은 꿈꾸던 대로 아프리카 케냐에 가게 되었고 동물과 매일 함께 지낼 수 있었지.

제인은 동물의 행동에 대해 많은 연구를 했는데, 그중에서도 특히 침팬지에 대해서 많은 사실을 밝혀냈단다. 지금도 제인은 꾸준히 동물들을 연구하고 보호하며 살아가고 있어!

49

이웃을 사랑하라 **프란치스코 교황**

나라: 아르헨티나
시기: 1936년~
업적: 사회에서 소외받는 사람들을 감싸 주었음

지난 2014년, 프란치스코 교황이 우리나라에 다녀가셨어. 사람들은 저마다 들뜬 표정으로 교황을 맞이했지. 사람들이 이렇게 프란치스코 교황을 좋아하고 따르는 이유가 무엇일까?

프란치스코 교황은 사회에서 소외받는 사람들을 위해 노력해 왔어. 또한 항상 겸손하게 행동했고, 사람들이 편하게 다가올 수 있도록 해 주었어. 그래서 많은 사람들이 교황에게 감동과 위로를 받았다고 해!

50
용감한 소녀 말랄라

나라: 파키스탄
시기: 1997년~
업적: 여성의 교육권을 위해 활동한 10대 소녀

말랄라는 파키스탄의 소녀야. 그곳에는 탈레반이라는 조직이 있어. 탈레반은 여학생들에게 공부를 가르치지 않았고 심각한 차별 대우를 해 왔단다. 그래서 말랄라는 탈레반은 옳지 않으며, 여학생들도 공부를 해야 한다는 글을 인터넷에 썼어. 그 사실이 들통나 총을 맞기도 했지만, 말랄라의 의지는 꺾이지 않았어. 용감한 말랄라의 이야기가 세계에 알려지면서 2014년에는 최연소 노벨 평화상 수상자가 되기도 했단다!

여성도 교육을
받아야 해요!

155

가로세로 낱말 퀴즈!

세계 위인 이름으로
빈 칸을 채워 볼까?

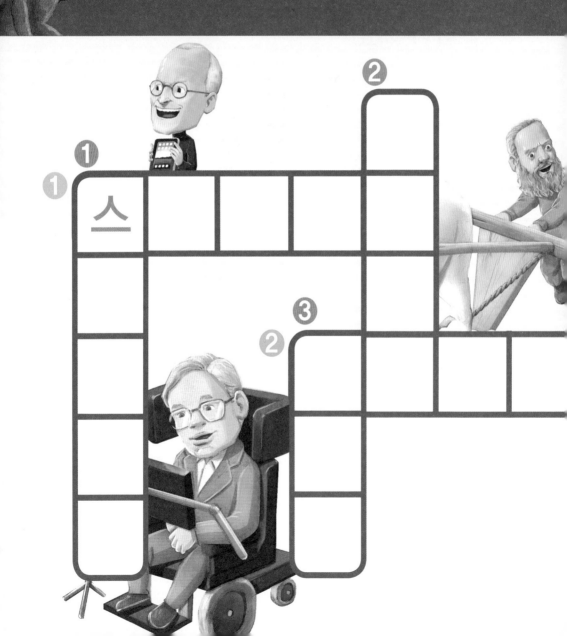

스

가로 문제

1 애플을 설립한 혁신의 아이콘.
2 로마를 이끈 용맹한 지도자.
3 전구를 개량한 발명왕.

세로 문제

1 블랙홀을 연구한 학자.
2 러시아 최고의 작가.
3 사회에 헌신한 철강왕.
4 지구를 한 바퀴 돈 사람.

정답 맞추기

40-41p

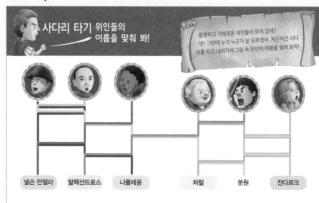

사다리 타기 위인들의 이름을 맞춰 봐!

넬슨 만델라 　 알렉산드로스 　 나폴레옹 　 처칠 　 쑨원 　 잔다르크

72-73p

미로 탈출! 마젤란과 함께 모험을 떠나 볼까?

100-101p

색칠공부 내 맘대로 컬러링!

128-129p

틀린그림찾기

156-157 p

가로세로 낱말 퀴즈! 세계 위인 이름으로 빈 칸을 채워 볼까?

스티브잡스
토카이사르
토마스에디슨